Paris

http ://www.laboiteapandore.fr

La Boîte à Pandore est sur Facebook. Venez dialoguer avec nos auteurs, visionner leurs vidéos et partager vos impressions de lecture.

ISBN : 978-2-87546-264-0- – EAN : 9782875462640

Dépôt légal : D/2017/11906/14

Ismaël Saidi

Les aventures du petit Ismaël

madame
Zakaria
moi

*«À Madame, qui a fait de moi l'enfant
que je suis encore aujourd'hui…»*

Ismaël Saidi

Dédé

C'était le premier jour de septembre. Je m'en souviens comme si c'était hier. En fait, c'était hier ! Ben oui, c'est ce jour-là qu'on commence l'école à l'école 10. L'école 10, c'est mon école, ou plutôt ma nouvelle école. Je sais, c'est un nom bizarre pour une école, mais en même temps, il est drôlement pratique et facile à retenir parce que j'ai un copain qui va dans une école qui s'appelle l'école « Jean Jaufesse » ou « Jauviesse » ou « Jaurès » je crois. Oui, c'est ça, « Jaurès ». Eh bien, c'est très difficile à retenir alors que quand tu dis aux copains que ton école s'appelle l'école 10, eh bien ils sont tous d'accord pour dire que c'est super cool. Enfin, moi j'espère qu'elle est super cool cette école parce que je viens de changer d'école, car on a déménagé. Papa, maman, mes deux frères et moi, on vient d'arriver dans le quartier. Alors, du coup, c'est un jour très spécial pour moi.

Après le petit-déjeuner, maman m'a mis mes nouveaux vêtements et a essayé de me coiffer. Mes cheveux sont durs à coiffer alors maman, à chaque fois, elle se met à râler :

— C'est vraiment fatigant !

— Mmmmm ! j'ai dit, parce que je pouvais pas répondre vu que maman, quand elle me coiffe, elle me tient les joues avec sa main et elle écrase fort. Elle dit que c'est pour pas que je bouge et c'est plus facile pour elle, mais moi ça m'empêche de parler et surtout, ça me laisse des traces sur les joues.

Après, on est sortis, maman et moi, et on a marché jusqu'à la porte de l'école. J'aime bien quand maman m'emmène à l'école. On rencontre des tas de dames que maman connaît alors on s'arrête chaque fois et les dames racontent des tas de choses tristes à maman et maman elle se met à hocher la tête et elle devient triste aussi. J'aimerais bien comprendre ce qu'elles lui racontent pour pouvoir hocher la tête moi aussi, mais elles parlent en arabe et je comprends pas encore bien. D'ailleurs, mon papa dit que c'est pas bien de pas comprendre l'arabe, car un jour on va retourner chez nous et il faudra que je comprenne l'arabe pour trouver du travail. Mais aujourd'hui, maman n'a rencontré personne sur la route alors on est arrivés très vite à l'école.

Devant la porte, y'a un gros monsieur qui regarde les enfants entrer. Ma maman s'est arrêtée devant lui.

— Bonjour madame, lui a dit le gros monsieur.

— Bonjour Monsieur, lui a répondu ma maman (car elle est toujours polie ma maman), je viens déposer le petit à l'école. C'est sa première journée.

— Ah, un nouveau. Et comment s'appelle-t-il ce petit garnement?

— Ismaël, a dit ma maman avec un grand sourire.

— Et dans quelle classe est-ce qu'il va aller?

— Madame la secrétaire m'a dit qu'il était inscrit chez Monsieur Michiels. Est-ce que je dois l'emmener dans la classe?

— Non, laissez-le-moi, j'allais justement faire sonner la cloche. Je vais l'emmener dans la cour de récréation.

Alors, ma maman elle m'a fait un gros câlin et puis elle est repartie en me faisant un signe de la main. Monsieur Bourdon, c'est comme ça qu'il m'a dit qu'il s'appelait le gros monsieur, m'a emmené dans la cour de récréation. C'est une grande cour de récréation et il y avait plein d'enfants qui jouaient. Moi, j'étais un peu timide, car je ne connaissais personne alors je suis resté à côté de Monsieur Bourdon pendant qu'il faisait sonner la cloche. Les enfants se sont tous mis en rang et devant chaque rang, il y avait un professeur.

Voilà ton rang, mon garçon, me dit Monsieur Bourdon avant de m'y pousser.

Je me suis retrouvé au milieu d'un groupe qui s'échangeait des billes.

— Tu t'appelles comment, toi? me dit un des garçons qui était beaucoup plus gros que les autres.

— Moi, c'est Ismaël et toi?

— Isabelle? T'es une fille?

— Nan, c'est Ismaël. T'as jamais entendu ce nom? lui ai-je dit.

— Ben non, c'est la première fois. Moi je m'appelle Christophe. Dis, t'as pas des billes à échanger?

— Non, mais j'en ai à la maison.

— C'est dommage, dit-il, et il se retourna sans m'expliquer pourquoi c'était dommage.

Le professeur s'approcha de nous.

— Qui est-ce qui parle ici? dit le professeur.

Personne ne répondit alors je me suis dit que je devais dire la vérité, car ma maman m'a toujours appris à dire la vérité.

— C'est moi, Monsieur. Je parlais avec Christophe.

— Quoi ? dit Christophe, t'es qu'un sale cafard.

— Christophe, on se calme ! dit le professeur. Tu t'appelles comment ? me demanda-t-il.

— Ismaël, Monsieur.

— Eh bien Ismaël, puisque tu parles dans les rangs alors que je demande le silence, tu vas commencer ta première journée d'école dans le coin !

— Bien fait, a dit Christophe.

— Il y a quatre coins dans une classe, Christophe, donc tu vas en remplir un deuxième toi aussi. Allez, tout le monde, en avant, cria Monsieur Michiels en avançant vers le couloir.

Le rang le suivit dans le calme et Christophe n'arrêtait pas de me lancer des regards noirs.

— Hey, les gars, chuchota Christophe pour ne pas que Monsieur Michiels l'entende, personne ne doit parler à ce sale cafard.

Les autres garçons autour de Christophe firent signe de la tête. Ça voulait dire qu'ils étaient d'accord avec lui. On arriva en classe et Monsieur Michiels m'indiqua le coin où je devais aller et

Christophe prit l'autre coin. Je suis resté au coin pendant très, très longtemps. Au moins cinq minutes, et puis Monsieur Michiels m'a demandé de prendre une place. Il restait deux places vides. Elles se trouvaient dans la rangée du milieu en face du bureau de Monsieur Michiels. Je me suis assis sur une des deux places et Christophe passa près de moi pour rejoindre sa place. Sa place se trouvait tout au bout, près de la porte.

— C'est bien la place d'un cafard, chuchota Christophe en passant près de moi.

— Ouvrez vos livres de mathématiques à la première page, dit Monsieur Michiels.

Pendant que Monsieur Michiels nous donnait une leçon de calcul, je me suis retourné de temps en temps pour regarder les camarades, mais la plupart des garçons ne me souriaient pas. Après un très long moment, la cloche de la récréation a sonné et tous les élèves se sont levés pour sortir et aller jouer et moi, j'étais le dernier à sortir. Dans la cour, les autres élèves ne s'approchaient pas de moi, alors je suis resté seul dans mon coin. Une fille s'est approchée de moi, elle est assise derrière moi en classe.

— Salut, tu t'appelles Ismaël ?

— Oui et toi ?

— Cindy. Tu veux venir jouer avec nous à la corde ?

Je ne pouvais pas accepter de jouer avec les filles à la corde, surtout le premier jour. C'est la honte et puis tous les garçons allaient me traiter de fille, déjà qu'ils croyaient que je m'appelle Isabelle.

— Non, merci, lui ai-je dit.

— C'est pas grave, m'a-t-elle répondu en repartant vers ses copines.

La récréation a duré super longtemps et je commençais à regretter de ne pas avoir accepté de jouer avec Cindy parce que je m'ennuyais vraiment à ne rien faire alors que les autres étaient en train de jouer aux billes. Si j'avais pris mes billes avec moi, ils m'auraient laissé jouer avec eux et je leur aurais montré comment je suis un super joueur de billes.

Quand la cloche a sonné, les garçons et les filles se sont mis en rang puis on est tous retournés en classe. Je me suis installé à ma place et Monsieur Michiels a commencé à écrire au tableau, mais dès qu'il a commencé à écrire, quelqu'un a frappé à la porte. C'était Monsieur Bourdon.

— Je suis désolé d'interrompre votre cours, Monsieur, mais je vous amène un nouvel élève, dit Monsieur Bourdon en poussant un élève devant lui.

Ce nouvel élève était brun. Y'en a qui disent noir, mais à la télévision, ils ont dit qu'on peut pas dire noir, mais plutôt de couleur, mais moi je trouve que « de couleur » ça veut rien dire et puis il était brun et pas « de couleur ».

— Très bien, je vous remercie. « Viens t'asseoir ici, mon garçon », dit Monsieur Michiels au garçon brun en lui indiquant la place à côté de moi. « Comment t'appelles-tu, mon garçon ? » demanda Monsieur Michiels.

— Dédé, Monsieur, lui répondit le garçon.

— Dédé ? C'est ton prénom ?

— Non, Monsieur, mon prénom c'est Samuel, mais tout le monde m'appelle Dédé.

— Eh bien Dédé, assieds-toi et essaie de suivre.

Dédé s'installa près de moi. Il me fit un sourire. Il avait un grand sourire. Je le trouvais drôle parce que ses deux dents de devant étaient éloignées l'une de l'autre.

— Tu t'appelles comment ? m'a-t-il demandé.

— Ismaël.

— Moi, c'est Dédé.

— Je sais, tu l'as dit à Monsieur Michiels, lui ai-je chuchoté.

Il a de nouveau souri et m'a demandé s'il pouvait regarder mon cahier pour se mettre en ordre. Je voulais lui répondre, mais Monsieur Michiels a toussé et je savais ce que ça voulait dire, car je l'avais déjà entendu tousser le matin avant de jeter sa craie sur un élève qui parlait dans le fond de la classe. Alors, j'ai poussé mon cahier vers Dédé et nous avons lu tous les deux sur mon cahier jusqu'à ce que la cloche sonne à nouveau.

C'était l'heure du déjeuner, alors on est sortis de la classe et nous sommes tous allés au réfectoire. Il y avait beaucoup de monde dans le réfectoire, toutes les classes de l'école étaient là ! J'ai essayé de trouver une place à côté des élèves de ma classe, mais personne ne voulait me laisser m'asseoir. Pendant qu'on se dirigeait vers le réfectoire, Christophe a prévenu les copains que personne ne devait laisser le cafard s'asseoir près de lui. Alors j'ai trouvé une place tout seul au bout de la grande table. Ils sont pas sympas les copains, mais c'est pas grave, je m'en fous. De toute façon, j'aime pas cette école et je vais demander à maman de me changer d'école. Je veux bien aller dans une école qui a un nom bizarre, ça ne me dérange plus parce que peut-être que les écoles qui ont un nom qu'on n'arrive pas à retenir sont plus chouettes que l'école 10. J'ai ouvert ma boîte à tartines et j'ai mangé mon déjeuner. Ma maman, elle me fait toujours des bonnes tartines avec du salami. Heureusement que ma maman est là parce que le goût des tartines m'a fait oublier les méchancetés des copains. Pendant que je mangeais, Dédé est venu s'asseoir près de moi.

— Pourquoi tu t'assois aussi loin ?

Je voulais pas lui dire que c'était parce que j'étais un cafard, alors je lui ai dit que les copains m'aimaient pas parce que c'était mon premier jour et que de toute façon, j'avais pas besoin d'eux.

— Et moi ? Je peux venir près de toi ? m'a dit Dédé.

— Bien sûr, lui ai-je répondu. Toi, t'es mon copain.

Alors, on a partagé ses tartines et les miennes. Lui, il avait des tartines au chocolat et il m'en a donné une et moi je lui ai donné une tartine au salami. Après le déjeuner, nous sommes tous allés à la cour de récréation pour jouer. Les autres jouaient aux billes, mais Dédé est resté avec moi.

— T'as pas envie de jouer aux billes? m'a-t-il demandé.

— Non, j'ai pas de billes et les copains veulent pas.

— Moi j'ai une bille, viens avec moi, je suis sûr qu'ils vont nous laisser jouer.

Je n'ai pas eu le temps de répondre qu'il m'avait déjà tiré par le bras et nous avons couru jusque chez les copains.

— Attention, le cafard est là, a dit Christophe, et les autres m'ont tourné le dos.

— On peut jouer ? a dit Dédé.

— T'as des billes ? lui a répondu Christophe.

— J'en ai qu'une.

— C'est pas assez pour jouer, lui a dit Christophe et il lui a tourné le dos à lui aussi.

— Attends, a dit Dédé, regarde.

Et Dédé a sorti une énorme bille blanche de sa poche. Tous les copains l'ont regardée avec de grands yeux et Christophe avait la bouche ouverte.

— Tu as la bille blanche ! a hurlé Christophe.

— Il a la bille blanche, ont répété les copains.

— Oui, j'ai la bille blanche, tu sais ce que ça veut dire ? a dit Dédé sans même regarder Christophe.

— Oui, c'est toi qui es le chef du jeu maintenant, a dit un copain qui s'appelle Alexandre.

— Dédé est le nouveau chef, ont dit les autres copains.

Christophe a reculé en laissant la place à Dédé.

— Je peux jouer avec toi ? a demandé Christophe.

— Bien sûr, a répondu Dédé.

Et tous les copains se mirent autour de Dédé. Je suis resté en dehors du cercle et je commençais à m'éloigner lorsque Dédé est venu me chercher.

— Mais Ismaël va jouer aussi avec nous, a dit Dédé avec un air de chef.

Personne n'a osé répondre. Les copains ont regardé Christophe, mais il n'a rien dit. C'est normal, ce n'est plus lui le chef maintenant, c'est Dédé. Les copains ont ouvert le cercle et j'ai pu m'approcher d'eux. On a tous joué ensemble et c'était super. Les copains, ils ont bien vu que même si j'avais laissé mes billes à la maison, j'étais un super joueur.

L'après-midi, quand l'école s'est finie et que ma maman est venue me chercher, je lui ai raconté comment j'ai super bien joué et tous les copains m'ont dit au revoir. Moi, je leur ai promis que le lendemain, j'allais ramener mes billes avec moi et qu'ils allaient tous voir comment j'étais un as aux billes. Maman était contente, elle m'a demandé si j'aimais bien ma nouvelle école.

— Bien sûr, maman, c'est la meilleure école du monde, je lui ai dit.

C'est vrai, finalement, c'est une super école, l'école 10. Je savais que les écoles qui ont un nom facile sont les meilleures. Depuis ce jour, personne ne m'a traité de cafard et je me suis fait des tas de copains. Mais mon meilleur copain, ça restera pour toujours, jusqu'à la fin de la vie éternelle: Dédé.

La piscine

•

Aujourd'hui, on est mardi et, mardi, c'est le jour de la piscine. Monsieur Michiels nous emmène en rang jusqu'à la piscine municipale. Moi, j'adore la piscine. J'y suis allé pendant les vacances avec mon papa et mon frère Zakaria. Zakaria, c'est mon grand frère. Il est pas beaucoup plus grand que moi, juste deux ans, mais c'est lui l'aîné de la famille. Il travaille toujours avec mon papa, ils font des bricolages ensemble et ils sont très doués tous les deux. Moi, je fais pas de bricolage, c'est pas que j'aime pas les bricolages, mais je casse tout à chaque fois que j'essaie et alors du coup mon papa, il se met en colère et il me demande d'arrêter. Mais la piscine, par contre, ça je sais faire. Je nage comme un poisson : c'est mon papa qui m'a appris quand j'étais tout petit. Il m'a pris un jour dans ses bras et il m'a dit : "Si tu veux apprendre à nager, il faut te jeter à l'eau" et il m'a jeté à l'eau. J'ai eu très peur et puis j'ai commencé à gigoter dans l'eau et je suis remonté à la surface. J'allais pas couler parce que mon papa il savait ce qu'il faisait et il m'a jeté là où j'avais pied, et c'est comme ça que j'ai appris. Alors aujourd'hui, dans le rang qui nous emmène à la piscine, je suis le plus excité. Christophe, lui, il dit qu'il aime pas la piscine parce que c'est trop froid et mouillé et qu'il aime pas être mouillé parce qu'il tombe malade s'il ne sèche pas ses cheveux. Dédé marchait à côté de moi dans le rang, mais il ne disait rien du tout. Il avait l'air occupé.

— Qu'est-ce que tu as Dédé ? lui ai-je demandé.

— Je peux te dire un secret, mais tu me promets de le dire à personne ? m'a-t-il répondu.

Bien sûr que je peux garder un secret. C'est même moi qui ai gardé le secret de mon frère lorsqu'il a cassé la montre de mon papa. J'ai rien dit, mais quand mon papa a commencé à crier j'ai eu très peur alors je lui ai dit la vérité, mais j'ai gardé le secret très, très longtemps, au moins deux heures. Alors, j'ai répondu à Dédé qu'il n'y avait aucun problème et qu'avec moi, son secret était bien gardé.

— Je ne sais pas nager, m'a-t-il dit, en chuchotant.

— Quoi ? Tu ne sais pas nager ?

— Chuuut, a-t-il répondu, je ne veux pas que Cindy t'entende.

Je lui ai répondu que je ne comprenais pas pourquoi il avait peur de Cindy, qu'elle était gentille et qu'elle n'allait jamais rigoler.

— Je n'ai pas peur d'elle, mais tu ne trouves pas qu'elle est jolie ?

Je me suis retourné pour regarder Cindy et je ne la trouvais pas du tout jolie, mais Dédé m'a dit qu'il croyait qu'il était amoureux d'elle et qu'il ne voulait pas qu'elle sache qu'il ne savait pas nager sinon elle n'allait jamais l'aimer.

— J'ai une bonne idée, Dédé, lui ai-je dit.

— Quoi ?

— Si je t'apprenais à nager ?

— Tu pourrais faire ça ?! m'a-t-il dit.

Bien sûr que je pouvais le faire.

C'est mon meilleur ami Dédé et puis c'est mon papa qui m'a appris et mon papa c'est le meilleur nageur du monde. C'est vrai parce que ma maman elle dit toujours à mon papa : «T'es une vraie baleine». Et les baleines, eh bien ça nage super bien.

— On va se mettre dans un coin de la piscine et je vais vite t'apprendre à nager, lui ai-je dit.

Quand on est arrivés à la piscine, Monsieur Michiels nous a dit qu'on devait faire vite, car on était en retard et qu'on n'aurait pas le temps de nager si on restait trop longtemps dans les vestiaires. Alors je me suis vite changé et j'ai mis mon nouveau maillot bleu. J'ai un maillot bleu parce que c'est ma couleur préférée et surtout parce que j'ai donné mon ancien maillot à mon petit frère. C'était un maillot avec des petits moutons roses et je peux pas mettre un maillot avec des moutons pour nager avec les copains. C'est vrai quoi, c'est la honte.

J'avais fini de mettre mon maillot et je suis sorti des vestiaires, mais Dédé était pas encore là alors je suis retourné dans la cabine et j'ai trouvé Dédé assis sur le banc.

— Pourquoi tu viens pas ? lui ai-je dit.

— J'ose pas, elle va rigoler.

— Mais non, viens, tu vas voir, je vais bien t'apprendre.

— T'es sûr, Ismaël ?

— Oui, viens !

Alors Dédé m'a suivi et nous sommes arrivés devant le bassin.

— Waouw, il est grand le bassin, m'a dit Dédé.

C'est vrai qu'il était grand le bassin, mais c'est encore plus chouette quand c'est grand parce qu'alors on peut faire de grands sauts sans déranger les vieilles dames qui râlent toujours quand on éclabousse leurs cheveux. D'ailleurs, j'ai jamais compris pourquoi les vieilles dames ne veulent pas qu'on leur mouille leurs cheveux. Et puis faut pas venir à la piscine si on veut pas être mouillé.

— Tout le monde dans l'eau ! a crié monsieur Michiels.

On a tous sauté sauf Dédé qui est resté sur le bord.

— Les gars, je vais vous montrer comment il faut nager, a dit Christophe.

— Nan, c'est moi qui vais vous montrer, j'ai dit et on a commencé une course Christophe et moi.

Je suis arrivé le premier et les copains m'ont applaudi. Non mais, qu'est-ce qu'il croyait le Christophe ? Tout le monde n'a pas un papa baleine qui vous apprend à nager. J'étais content que les copains m'applaudissent et je faisais des pirouettes dans l'eau pour leur montrer que j'étais le meilleur, mais en sautant, j'ai vu Dédé tout seul dans son coin, alors j'ai nagé jusqu'à lui et je lui ai dit : « Viens Dédé, je vais te montrer ».

— Non, je vais couler.

— Viens, n'aie pas peur. Alors Dédé a posé d'abord son pied dans l'eau.

— C'est froid, a-t-il dit en retirant son pied.

— Non, quand t'es dedans ça va mieux. Viens !

Dédé a mis son pied puis sa jambe puis le reste de son corps a glissé et il m'a rejoint dans l'eau.

— Allez, je vais prendre tes mains et te tirer vers moi et toi tu bouges tes jambes.

— D'accord, mais tu me lâches pas, m'a-t-il dit.

— Non, jamais !

Et je l'ai tiré tout doucement vers moi. Dédé a commencé à bouger ses jambes, mais il les bougeait trop fort et je recevais toute l'eau dans mes yeux et ma bouche.

— C'est trop cool de nager, t'as vu, j'y arrive.

— Oui, mais arrête de battre tes jambes comme ça, je vois plus rien.

Dédé a remarqué Cindy qui nageait près de nous et il a voulu lui montrer qu'il était un grand nageur.

— Tu peux me lâcher, Ismaël.

— T'es sûr ?

— Oui, lâche-moi, Cindy me regarde.

Alors je l'ai lâché et je me suis retourné pour essuyer mes yeux parce que je voyais plus rien à cause de l'eau qu'il m'a envoyée au visage. Quand j'ai rouvert les yeux, j'ai vu Alexandre et Michel sur le bord qui faisaient des signes.

— Dédé ! Dédé ! qu'ils criaient.

— Oui, je sais, je leur ai répondu, c'est moi qui lui ai appris à nager parce que c'est mon papa qui...

— Dédé est en train de couler ! a crié Michel.

Je me suis retourné et je ne voyais plus Dédé. En fait, je voyais juste un maillot rouge qui bougeait tout seul. Il bougeait ses jambes dans tous les sens pour sortir de l'eau, mais il y avait que ses fesses qui restaient à la surface. Alors le maître-nageur a plongé et a ressorti Dédé de l'eau. Monsieur Michiels nous a tous fait sortir de l'eau et nous sommes retournés au vestiaire. Le maître-nageur était assis à côté de Dédé qui était couché, les yeux fermés.

— Je vais lui faire du bouche-à-bouche, a dit le maître-nageur.

Et il a posé ses lèvres sur celles de Dédé.

— Cindy, a dit Dédé au moment où le maître-nageur allait souffler dans la bouche de Dédé.

— Quoi ? Mais il est réveillé le garnement. Allez, debout ! a dit le maître-nageur qui semblait fâché que Dédé soit réveillé.

Nous, on était contents qu'il soit réveillé.

— Bon, plus de peur que de mal. Allez, tout le monde s'habille, on retourne à l'école, a dit Monsieur Michiels.

On s'est tous habillés très rapidement et sans parler, car on était tous un peu effrayés de ce qui s'était passé. Dédé, lui, avait l'air très content. J'avais l'impression qu'il était heureux d'avoir coulé. Sur la route du retour, Dédé marchait à côté de moi.

— T'as vu, j'ai nagé ! m'a-t-il dit.

— Oui, lui ai-je dit.

Je sais que c'est pas vrai, mais ma maman elle m'a dit que si on doit mentir pour que quelqu'un soit heureux, eh bien c'est pas un méchant mensonge.

— Et tu l'as vue quand elle m'a embrassé ?

— Qui ?

— Cindy ? Tout le monde l'a vue m'embrasser ? m'a-t-il demandé.

Alors là, je ne savais pas quoi lui répondre parce que je voulais bien lui dire qu'il savait nager, mais je pouvais pas lui dire que c'était le monsieur à moustache qui l'avait embrassé et pas Cindy.

— En fait, Dédé, c'était pas Cindy, lui ai-je dit.

— Quoi ?

— C'est le maître-nageur qui t'a fait du bouche-à-bouche.

— Le maître-nageur ? a-t-il crié et puis il s'est mis à courir.

— Où tu vas Dédé ?

— Je veux vite arriver à l'école pour me laver la bouche, c'est dégoûtant.

En courant, il est passé près de Cindy.

— Ça va Dédé ? lui a dit Cindy.

Il s'est arrêté d'un coup.

— Oui.

— On a eu très peur, lui a dit Cindy.

— C'est vrai ? lui a demandé Dédé avec un grand sourire.

— Oui, mais heureusement, tu vas mieux maintenant, lui a-t-elle dit en souriant et en s'éloignant.

Dédé est revenu près de moi.

— Tu as vu ?

— Quoi ?

— Elle m'a parlé.

— Ben oui, elle parle, d'ailleurs je trouve même qu'elle parle beaucoup trop si tu veux mon avis et…

— C'est le plus beau jour de ma vie. C'est grâce à toi et au maître-nageur. Merci, Ismaël !

— De rien, lui ai-je dit sans savoir pourquoi il me remerciait.

— Et d'ailleurs, je ne vais plus jamais me laver la bouche de toute ma vie. Le baiser du maître-nageur m'a porté chance, m'a-t-il dit en souriant.

Et il s'est éloigné de moi pour se rapprocher de Cindy. Ne plus se laver la bouche, beurk, c'est dégoûtant. Eh bien, même si c'est mon meilleur ami, Dédé, parfois, je ne le comprends pas !

La forêt

•

Aujourd'hui, ça va être une super journée. Monsieur Michiels nous a dit qu'on allait partir en forêt pour ramasser des feuilles. On va partir en bus et on va passer toute la journée en forêt. J'ai demandé à Dédé si je pouvais m'asseoir à côté de lui dans le bus.

— Bien sûr, qu'il m'a répondu, mais il faut qu'on s'assoie pas trop loin de Cindy. Je voudrais rester près d'elle, a-t-il ajouté.

Moi, j'ai accepté, même si je ne comprenais pas pourquoi il voulait toujours s'approcher de Cindy. C'est vrai quoi, les filles, elles sont toujours embêtantes et elles jouent pas aux mêmes jeux que nous. Mais c'est pas grave, Dédé et moi, quand on s'assoit ensemble, on est les meilleurs pour s'amuser et tous les autres copains, ils veulent venir près de nous.

Maman m'a déposé près du bus. Les copains étaient déjà là et Monsieur Michiels les faisait entrer dans le bus.

— Tu me donnes un bisou, Ismaël? m'a dit ma maman.

J'aime beaucoup ma maman et j'aime bien lui donner des bisous, mais pas devant les copains. C'est vrai quoi, c'est la honte ! J'ai essayé de m'enfuir pour monter dans le bus avant que maman ne m'embrasse, mais ça n'a pas marché. Elle m'a attrapé par les joues et m'a embrassé devant tous les copains qui rigolaient derrière la vitre. Je suis monté dans le bus en courant et j'ai fait semblant de m'essuyer la joue devant les copains pour avoir l'air plus cool. Dans le bus, Dédé était déjà assis et comme il me l'avait dit, il avait trouvé une place juste derrière Cindy qui était assise avec Victoria. Victoria, c'est la fille la plus embêtante de la classe. En fait, c'est la première de classe et elle sait toujours tout. Je me suis assis à côté de lui et la portière du bus s'est refermée.

— Tout le monde est là ? a crié Monsieur Michiels.

— Ouiiiiiiiiiiii ! qu'on a répondu tous ensemble.

C'était drôle alors on s'est mis à rigoler et à répéter « Ouiiiiiii » en criant.

— Vous arrêtez tout de suite ce petit jeu ou nous retournons en classe et vous écrirez pendant toute la journée, nous a répondu Monsieur Michiels.

Alors on s'est tus parce qu'on n'avait pas du tout envie d'écrire et la forêt c'est beaucoup plus chouette. Le bus a démarré et on a pris la route. Le voyage a duré super longtemps et pendant tout le voyage Dédé a essayé de regarder ce que faisait Cindy en passant son œil entre les sièges.

— Cindy, y'a Dédé qui essaie de te regarder, a dit Victoria.

Dédé a sursauté et est venu se cacher derrière mon siège.

— C'est vraiment un sale cafard, cette Victoria, m'a dit Dédé.

— C'est une madame cafard, lui ai-je répondu. C'est vrai, ça ne se dit pas cafard pour une fille.

Alors on a essayé de trouver un nom qui voudrait dire cafard pour les filles aussi.

— Une larve ? dit Dédé.

— Non, lui ai-je répondu. Une larve c'est pas la madame du cafard.

— Une guêpe ?

— Non plus, la guêpe c'est la madame du bourdon.

— Monsieur Bourdon est marié avec une guêpe ? m'a demandé Dédé.

— Non, pas ce Bourdon-là, le vrai bourdon.

— Ben alors, je sais pas c'est quoi la madame du cafard. Hé, Ismaël, c'est peut-être parce que le cafard a pas de madame.

— Tu crois ? lui ai-je demandé.

— Ben oui, m'a-t-il répondu, c'est possible. J'ai vu un film de karaté où il y avait des hommes qui vivaient seuls et sans madame. Ça s'appelle des moines.

— Waouw, ai-je dit, ils ont de la chance ces moines. Ben moi, quand je serai grand, je voudrais être un moine.

— Ouais, surtout que les moines, ils font du karaté.

Pendant tout le trajet, Dédé m'a raconté comment les moines ils défendaient les pauvres et ils se battaient contre les Japonais qui voulaient tuer le gentil Dalaï. Le Dalaï, c'est un lama, c'est comme un chameau, mais ça vit sur une montagne. Dédé m'a dit que les Japonais, ils voulaient tuer le lama pour avoir sa peau et l'accrocher dans leur temple. C'est ce que son papa lui a dit et le papa de Dédé, il connaît tout sur ce qui se passe dans le monde. C'est parce qu'il reste toute la journée devant la télévision pour étudier ce qui se passe. Il est vraiment super intelligent le papa de Dédé.

Quand le bus est arrivé à la forêt, il commençait à pleuvoir. On est vite sortis du bus et on s'est abrités sous les arbres.

Vous allez vous séparer, en petits groupes de quatre, et vous allez ramasser le plus de feuilles possible et les ramener ici, nous a dit Monsieur Michiels.

Dédé et moi, on a fait un groupe avec Christophe et Michel. On est partis très vite, car on voulait ramener plus de feuilles que les autres. On est partis très loin et quand on ne voyait plus les autres, on s'est arrêtés.

— Ici c'est bon, a dit Christophe.

— Ouais, a répondu Michel. Vite, ramassons les feuilles !

On s'est mis à ramasser les feuilles. J'avais les mains pleines de feuilles et surtout pleines de boue parce qu'il pleuvait et que quand il pleut, c'est pas facile de ramasser les feuilles. Il faut les décoller et quand on les décolle, c'est plein de boue.

— Hé, les gars, venez voir ! a crié Dédé.

On a couru vers lui. Dédé était debout et il y avait un lapin couché devant lui.

— C'est un lapin ! T'as peur d'un lapin ?! lui a dit Christophe en rigolant.

— J'ai pas peur du lapin, mais il ne bouge pas, a-t-il dit.

C'était vrai que le lapin ne bougeait pas. Je me suis approché de lui et j'ai essayé de le pousser avec mon pied, mais il ne bougeait pas du tout.

— Tu crois qu'il est mort ? a dit Michel.

— Je ne sais pas, j'ai encore jamais vu un mort... a dit Dédé.

— Moi j'en ai déjà vu un, a dit Christophe. C'est tout blanc et ça bouge pas.

— Et tu l'as vu où le mort ? lui ai-je dit en tremblant parce que je commençais à avoir peur.

— Quand mon grand-père est mort, je l'ai vu dans son cercueil avant de l'enterrer, nous a-t-il dit.

— Ben si le lapin est mort, il faut l'enterrer, a dit Dédé.

— C'est vrai, ai-je répondu, on l'enterre et on retourne vite au bus.

— On peut pas l'enterrer comme ça, a dit

Christophe, il faut un cercueil.

Alors on s'est mis à chercher quelque chose dans la forêt qui pourrait servir de cercueil.

— J'ai trouvé ! a dit Michel.

Il avait trouvé une boîte en carton qui avait été jetée près d'une poubelle. Dédé a pris le lapin et l'a posé dans la boîte.

— Bon, on peut l'enterrer et partir ? ai-je dit.

— Non, il faut prier ! a dit Christophe.

— Quoi ? Comment ça, prier ? ai-je dit.

— Ben ouais, quand on meurt, les gens prient pour qu'on aille au paradis et, si on ne prie pas, ben les morts ils vont en enfer.

C'était vrai ce qu'il disait Christophe, mon papa m'a dit la même chose un jour sur les gens à qui on ne fait pas la circonflexion. La circonflexion, c'est quand on vous coupe un bout du "zizi". Je me suis dit qu'il fallait peut-être aussi vérifier si le lapin avait fait la circonflexion parce que ça servait à rien de perdre son temps à prier pour lui s'il ne l'avait pas faite, mais j'ai pas osé demander.

— Très bien, il faut prier. Qui sait prier? a dit Dédé.

— Moi, ai-je dit.

C'est vrai, j'ai vu très souvent mon papa prier. D'ailleurs quand mon papa prie, on s'amuse mon frère Zakaria et moi à lui grimper sur le dos quand il est agenouillé et du coup, il a du mal à se relever et ça nous fait rire.

— Vas-y, Ismaël, prie, a dit Christophe.

Alors je me suis agenouillé, même si c'était très sale. Mais c'était pas grave de me salir et j'étais sûr que si je disais à ma maman que j'avais sali mes vêtements pour aider le lapin à aller au paradis, elle n'allait pas me gronder.

— Qu'est-ce que tu fais ? m'a demandé Michel.

— Ben je vais prier, lui ai-je répondu.

— À genoux ? a demandé Dédé.

— C'est les musulmans qui prient à genoux, a dit Christophe. Je les ai vus à la télé.

— Ben oui, c'est comme ça qu'on prie, lui ai-je répondu.

— Oui, a dit Dédé, mais le lapin, il n'est pas musulman.

— Ah bon ? ai-je dit en me relevant. Tu crois ?

— Il est quoi le lapin ? a dit Christophe.

— C'est vrai, ai-je répondu, à quoi est-ce qu'on voit qu'il est pas musulman ?

— Ben, en fait, je ne sais pas, a dit Dédé.

Du coup, on est restés super longtemps devant le lapin sans savoir ce qu'on devait faire.

— J'ai une idée ! a dit Michel. Et si on priait chacun à notre manière, comme ça le lapin, il pourra choisir et il ira d'office au paradis.

C'était une super bonne idée et on était tous d'accord. Alors, moi je me suis mis à genoux, mais je savais pas trop quoi dire. C'est vrai quoi, quand mon papa il prie, je le vois se mettre à genoux, mais je ne comprends rien à ce qu'il dit. Mais comme je voulais absolument que le lapin aille au paradis, alors j'ai bougé la tête comme mon papa et j'ai bougé les lèvres comme si je disais quelque chose. Dédé, il a levé les mains au ciel et il s'est mis à chanter en bougeant son corps. C'était drôle, on aurait dit que c'était le supporter d'une équipe de foot qui s'appelle Louya. Ça doit être le nom d'une équipe du pays de son papa parce que Dédé, il arrêtait pas de répéter : « Allez, Louya ! » Michel et Christophe, ils levaient aussi les mains au ciel, mais ils ne dansaient pas et ils ne disaient rien. Ils avaient juste pris un air très sérieux.

— Bon, on a fini ? ai-je demandé parce que je commençais à avoir mal aux genoux. C'est vrai quoi, j'étais le seul à prier comme ça.

— Oui, je crois que c'est bon, a dit Dédé. On peut l'enterrer.

Alors on a creusé un petit trou dans le sol et on a déposé la boîte avec le lapin dans le trou. Puis, on a recouvert le trou avec de la terre. C'était plutôt de la boue vu qu'il pleuvait encore. Quand on a fini, on est revenus en courant vers le bus et Monsieur Michiels.

— Vous quatre, qu'est-ce que vous avez fait ? Où sont les feuilles ? nous a-t-il dit en hurlant.

On avait oublié les feuilles près de l'arbre où on avait enterré le lapin.

— Bon, puisque vous êtes partis vous amuser au lieu de travailler, vous serez punis. Demain, vous écrirez toute la journée. Montez dans le bus, maintenant.

— On n'a vraiment pas de chance, m'a dit Dédé.

— Ouais, c'est pas juste, lui ai-je dit. Je suis sûr

qu'on avait ramassé plus de feuilles que les autres et c'est nous qui sommes punis.

— Oui, mais au moins grâce à nous, le lapin est parti au paradis, m'a dit Dédé avec son grand sourire.

J'ai regardé par la vitre du bus la forêt qui s'éloignait. La pluie avait cessé et on pouvait voir un arc-en-ciel se former et monter vers le ciel.

— Regarde, Dédé, lui ai-je dit. Un arc-en-ciel !

— Tu vois, m'a-t-il dit, j'avais raison. C'est le lapin qui monte au ciel et c'est grâce à nous.

Waouw, il avait raison Dédé. Finalement, c'était pas grave qu'on soit punis et qu'on doive écrire toute la journée, même si j'aime pas écrire, car grâce à nous, le lapin est parti au paradis.

J'aimerais quand même bien savoir si le lapin était musulman ou pas, parce que c'est quand même moi qui ai dû me mettre à genoux et ce serait bête de l'avoir fait pour rien.

Madame

J'adore le dimanche. C'est pas mon jour préféré, parce que mon jour préféré, c'est le samedi. Le samedi, c'est le jour où y a plein de dessins animés à la télévision et comme ma maman va au marché et que mon papa travaille, eh bien le samedi, on reste à la maison Zakaria et moi. On n'est jamais d'accord sur les dessins animés qu'on doit regarder. Lui il aime bien les dessins animés avec de la bagarre, mais moi je préfère les histoires d'aventures. Alors on choisit chacun à son tour. Mais j'adore le dimanche parce que c'est le jour où Madame vient à la maison. Madame, c'est ma grand-mère. En fait, c'est pas vraiment ma grand-mère parce qu'elle est pas musulmane et qu'elle va à l'église, mais c'est comme ma grand-mère parce qu'elle s'occupe toujours de moi et elle me ramène des cadeaux. Le dimanche matin, mon frère et moi, on va l'attendre à l'arrêt du bus. On y va à deux parce qu'on l'aime tous les deux, mais aussi parce que Zakaria la prend par le bras et moi je porte son sac. Madame, elle marche avec une canne alors elle a besoin d'aide. C'est parce que Madame, elle est super âgée, elle doit avoir au moins 300 ans. Zakaria, il dit que c'est pas possible d'avoir 300 ans, mais moi j'ai vu un film où il y avait un homme qui avait vécu 500 ans et si c'est dans un film alors c'est que c'est vrai.

Quand le bus est arrivé, on attendait devant la porte de devant parce que c'est toujours par là que Madame descend. La porte s'est ouverte et Madame est descendue.

— Maël, tu es là ? a-t-elle dit.

Maël, c'est comme ça qu'elle m'appelle.

Je ne sais pas pourquoi d'ailleurs et puis ça ressemble à un nom de fille, mais j'ai jamais osé lui dire et d'ailleurs maman elle m'a toujours dit qu'il ne fallait pas corriger Madame et que si elle voulait m'appeler Maël et bien elle m'appellerait Maël.

— Oui, Madame, je suis là et Zakaria aussi, lui ai-je dit.

— Très bien, prends mon sac, s'il te plaît, m'a-t-elle dit en me donnant son sac.

Il est lourd son sac et j'avais du mal à le porter, mais heureusement que l'arrêt du bus n'est pas trop loin de la maison. Pendant que je prenais son sac, Madame s'est penchée et m'a donné un bisou sur la joue. En général, j'aime pas les bisous devant tout le monde, mais les copains étaient pas là et puis Madame, c'est pas la même chose. Madame, c'est ma grand-mère donc elle peut me faire des bisous.

En plus, Madame, quand elle me fait des bisous, ça me fait toujours rigoler parce qu'elle a de la moustache. C'est pas comme la moustache des messieurs qui est noire et qu'on voit bien. Non, Madame, elle a une moustache invisible et ça chatouille quand elle m'embrasse.

On a marché jusqu'à la maison et même si le sac était lourd, j'étais content qu'il soit là, car c'est dedans que Madame cache la tarte au riz et les cadeaux qu'elle nous ramène. Elle ne ramène pas des cadeaux tous les dimanches, mais la tarte au riz, ça oui ! Et elle est délicieuse la tarte au riz de Madame.

— Est-ce que tu as fait tes devoirs, Maël ?

— Bien sûr, lui ai-je répondu. C'était vrai, que je les avais faits, mes devoirs.

— Et toi Zacharie ?

Madame avait aussi changé le nom de mon frère Zakaria. Lui, ça le faisait rigoler parce que

Zacharie, c'est le nom d'une otarie dans une série télévisée qu'on regarde.

— Oui, madame, lui a-t-il dit en rigolant.

— Très bien, alors je vais vérifier vos devoirs et j'ai une surprise pour vous.

On a aidé Madame à monter les escaliers de la maison et puis on l'a aidée à s'installer dans le salon.

— Bonjour Madame, a dit ma maman quand elle l'a vue.

— Bonjour Madame, lui a répondu Madame. C'est drôle, elles se disent toutes les deux « madame » alors ça nous a fait rire aussi, Zakaria et moi.

— Les enfants, arrêtez de rire et venez m'aider à mettre la table, nous a demandé ma maman.

Alors, on a aidé maman à mettre la table. Aujourd'hui, c'est steak-frites, comme tous les dimanches. Le steak, moi, j'adore. On a tous mangé et mon papa aussi parce qu'il venait de rentrer du travail. Puis, on a regardé le journal télévisé. Madame, elle ne rate jamais le journal télévisé ni la météo et elle dit toujours qu'elle aime beaucoup le monsieur qui présente le journal parce qu'il est bien habillé et qu'il porte une cravate.

— C'est pas comme les jeunes d'aujourd'hui qui ne savent plus s'habiller, a-t-elle dit à mon papa à la fin du repas.

On s'est regardés Zakaria et moi quand elle a dit ça, car on n'avait pas compris c'était qui les jeunes d'aujourd'hui parce que les seuls jeunes qu'il y avait aujourd'hui à la maison, c'était nous et mon petit frère Younes, mais lui c'est encore un bébé. Alors, on est montés dans notre chambre pour changer d'habits parce qu'on voulait recevoir nos cadeaux et si Madame n'aimait pas notre tenue, elle allait rien nous donner. Moi, j'ai pas de cravate alors j'ai été fouiller dans l'armoire de mon papa. Je sais qu'il aime pas ça et qu'il me punit quand je touche à ses affaires, mais je voulais absolument mon cadeau.

— Qu'est-ce que tu fais, Ismaël ? m'a demandé Zakaria.

— Ben je cherche des vêtements, lui ai-je répondu en fouillant les tiroirs de la commode.

— T'es fou, papa va nous tuer !

— Oui, mais je préfère que papa nous tue que de ne pas recevoir le cadeau de Madame.

— Eh bien, je vais le dire à papa que tu as fouillé dans ses affaires.

— Alors ça veut dire que t'es qu'un sale cafard, lui ai-je répondu.

— Je suis peut-être un cafard, mais au moins je ne serai pas puni, m'a-t-il dit.

— S'il te plaît Zakaria, ne dis rien à papa !

— D'accord, mais à une condition...

— Quoi ?

— Si ton cadeau est meilleur que le mien, tu me le donnes ! m'a-t-il dit.

J'avais vraiment pas envie de lui donner mon cadeau, mais s'il cafardait, je ne recevrais rien et en plus je serais puni.

— D'accord, lui ai-je dit.

— Très bien, alors fais vite avant que papa ne monte.

J'ai continué à chercher dans les affaires de papa et j'ai finalement trouvé une cravate. Elle était rouge avec des petits points noirs. Je l'ai prise de l'armoire et je l'ai mise autour de mon cou. Heureusement, elle était déjà nouée, car je ne sais pas encore faire les nœuds. On est redescendus et quand Madame m'a vu, elle a commencé à rigoler.

— Mais, Maël, pourquoi as-tu mis une cravate sur ton pyjama ? m'a-t-elle demandé.

— C'est ma cravate ! Où as-tu été la chercher ? a dit papa d'un air sévère.

— Il a fouillé dans tes affaires papa, a crié Zakaria.

— T'es qu'un sale cafard, lui ai-je dit. Et tu n'auras pas mon cadeau !

— Je m'en fous de ton cadeau, m'a répondu Zakaria.

— Arrêtez de vous battre, a dit papa, on réglera ça plus tard.

Alors, j'ai commencé à pleurer parce que je ne voulais pas que papa me punisse. Madame s'est levée et m'a pris dans ses bras.

— Pourquoi tu pleures, Maël ?

— Parce que papa va me punir, mais moi j'ai rien fait de mal, j'ai juste voulu être bien habillé parce que je suis un jeune d'aujourd'hui et vous avez dit qu'on était mal habillés.

Madame a regardé papa en souriant et m'a pris sur ses genoux.

— Tu m'as mal comprise, Maël. Quand on dit les jeunes d'aujourd'hui, c'est une expression.

— C'est quoi une extraction ? lui ai-je demandé.

— Une expression, ça veut dire qu'on essaie d'expliquer quelque chose avec une image et on utilise des mots qui ne veulent pas nécessairement dire ce qu'ils veulent dire d'habitude. Ainsi, quand je dis " les jeunes d'aujourd'hui ", je ne parle pas de la journée d'aujourd'hui, mais de notre temps.

J'ai rien compris à ce que me disait Madame, mais j'étais quand même bien content qu'elle ne parlait pas de nous quand elle parlait des jeunes d'aujourd'hui. Elle m'a enlevé tout doucement la cravate et l'a donnée à papa. Elle a pris son sac et en a sorti une petite voiture.

— Waouw, une voiture ai-je dit. J'étais super content que Madame m'ait apporté une voiture.

— Oui, une voiture, mais elle n'est pas pour toi, elle est pour Zacharie.

Zakaria a sauté sur la voiture et a embrassé Madame.

— Merci Madame, a dit Zakaria.

Madame a pris un livre de son sac et me l'a donné.

— Tiens, ça c'est pour toi, Maël.

— Un livre, ai-je dit un peu déçu. Zakaria a regardé le livre et s'est mis à rigoler.

— Tu n'es pas content ? m'a dit papa avec un air sévère. J'ai rien osé dire mais je me suis mis à pleurer.

— Pourquoi est-ce que tu pleures, Maël ? m'a dit Madame.

— Parce que je voulais une voiture, moi aussi !

— Ah bon, mais ce n'est pas grave, Maël. Je vais reprendre ce livre et je vais te donner une voiture. C'est dommage pour les pirates et le trésor.

— Quels pirates ? ai-je dit.

— Les pirates qu'il y a dans le livre et qui attendent depuis très longtemps que tu leur rendes visite pour qu'ils te racontent leur histoire.

— Y'a des pirates dans le livre ?

— Oui et un trésor et un jeune aventurier.

— Et comment il s'appelle ce livre ? ai-je demandé.

— L'île au trésor.

— Waouw, je peux l'avoir, s'il vous plaît Madame ? ai-je dit.

— Tu es sûr que tu ne veux pas une voiture ? m'a-t-elle demandé en souriant.

— Non, non, j'ai déjà des voitures, plein. Je veux lire l'histoire des pirates.

— Très bien, voici le livre, mais tu dois me promettre une chose.

— Quoi ?

— Quand tu l'auras fini, tu le donneras à un ami à toi.

— Pourquoi ? ai-je demandé. C'est vrai quoi, pourquoi est-ce qu'il faut que je donne mon cadeau ?

— Parce que les pirates dans le livre ont besoin de raconter leur histoire et quand tu auras fini le livre et que tu le refermeras, ils seront tristes, car personne ne leur rendra visite. Alors en donnant le livre à quelqu'un d'autre, ils pourront toujours raconter leur histoire.

Elle est vraiment géniale, Madame, alors je lui ai promis de donner le livre quand j'aurai fini et elle me l'a donné et je suis parti dans ma chambre pour le lire. Madame a dit qu'il était tard et qu'il fallait qu'elle rentre. Alors on est partis dans le taxi de papa, comme tous les dimanches, pour ramener Madame chez elle. Lorsqu'elle a quitté le taxi, j'ai ouvert le livre et j'ai commencé à lire l'histoire. C'était une histoire fantastique avec plein d'aventures. Et quand je suis arrivé dans ma chambre, j'ai continué à lire le livre jusque très tard le soir. Jusqu'à ce que papa me reprenne le livre et éteigne la lumière. C'était mon premier livre et je ne l'oublierai jamais. Et tout ça, c'est grâce à Madame. Voilà pourquoi j'adore les dimanches.

Le Père Noël

•

— C'est un raciste !

J'avais demandé à papa quand est-ce qu'on pouvait écrire la lettre pour le Père Noël parce que c'est bientôt Noël et c'est la réponse que m'a donnée Zakaria.

— C'est quoi un raciste ? ai-je dit, parce que je ne connaissais pas ce mot.

— C'est quelqu'un qui nous aime pas, m'a-t-il répondu.

— C'est pas possible, le Père Noël aime tout le monde.

— Ah ouais ? Alors pourquoi est-ce qu'il vient pas chez nous ?

— Ben, ai-je dit, il connaît pas notre adresse.

— C'est bizarre, y'a que notre adresse qu'il ne connaît pas ? Et celles de tes copains, il les connaît ?

Il avait raison Zakaria, c'était bizarre. Alors je me suis dit que j'allais demander à Dédé si le Père Noël venait chez lui.

— Bien sûr, m'a-t-il répondu quand je lui ai posé la question le lendemain à l'école.

— Et il n'a jamais oublié de venir chez toi ?

— Non.

— Il vient toutes les années et il connaît ton adresse ? ai-je demandé un peu inquiet que Zakaria puisse avoir raison.

— Ben oui sauf que parfois il se trompe de cadeau.

— Ah bon ?

— Oui, l'année passée, il m'a amené un pull alors que je lui avais demandé un pistolet laser.

Je me suis dit que c'était bien que le Père Noël se soit trompé pour le cadeau de Dédé. C'est pas que j'étais content que Dédé n'ait pas reçu de pistolet, mais au moins, ça voulait dire que le Père Noël n'avait pas une bonne mémoire et qu'il avait peut-être oublié mon adresse.

— Ah, moi, il ne s'est jamais trompé, nous a dit Michel qui écoutait notre conversation.

— Et il vient toujours chez toi ? lui ai-je demandé.

— Oui, toujours.

— Et chez moi aussi, a dit Christophe.

— Et moi aussi, a dit Victoria.

Alors, j'ai demandé à tous les copains de la classe et le Père Noël était passé toutes les années chez eux aussi. Y'a que mon copain Abdelaziz, qui lui n'est pas dans ma classe mais dans la classe au-dessus, qui m'a dit qu'il n'avait jamais vu le Père Noël.

— Tu vois, m'a dit Zakaria lorsque je lui ai raconté ce que m'avaient dit les copains, il n'est pas passé chez Abdelaziz non plus, donc c'est un raciste.

— Mais tu as dit que raciste, ça voulait dire qu'il ne nous aimait pas nous, alors pourquoi est-ce qu'il ne va pas chez Abdelaziz ?

— Parce qu'Abdelaziz, il est comme nous. C'est un musulman.

— Et alors ?

— Eh bien le Père Noël, c'est un raciste et du coup, il ne vient pas chez les musulmans.

Je ne comprenais pas bien ce que me disait Zakaria. Pourquoi est-ce que le Père Noël ne nous aimerait pas ? C'est pas juste. Nous aussi on est sages, bons. C'est vrai pas tout le temps, et on a souvent été punis, mais les copains aussi ils font des bêtises. Alors pourquoi le Père Noël veut bien passer chez eux et pas chez nous ? Alors comme je me sentais triste d'être abandonné par le Père Noël, j'ai commencé à pleurer et ma maman qui préparait le repas est venue me consoler.

— Qu'est-ce qu'il y a, Ismaël ?

— C'est à cause du Père Noël. Il ne va pas venir chez nous parce qu'on est musulmans et c'est pas juste.

— Qui t'a dit ça ?

— Zakaria.

Maman a regardé Zakaria d'un air sévère et puis m'a pris dans ses bras.

— Ce n'est pas pour ça que le Père Noël n'est pas venu chez nous.

— Alors pourquoi il n'est pas venu chez nous ?

— Eh bien…

— Parce qu'il n'existe pas, a dit mon papa qui venait de rentrer du travail.

— Quoi ? ai-je dit.

— Le Père Noël n'existe pas, c'est pour ça qu'il ne vient pas chez nous. D'ailleurs, il ne va pas chez tes copains non plus, c'est leurs parents qui leur déposent des cadeaux dans la cheminée. Maintenant, venez manger puis allez dormir.

Dans mon lit, je n'arrêtais pas de penser à ce que papa et Zakaria m'avaient dit. Est-ce que le Père Noël était raciste ou est-ce qu'il n'existait pas? J'allais demander à Dédé le lendemain qu'il demande à son papa, car son papa il sait toujours tout. C'est parce qu'il regarde toujours la télévision.

— Comment ça, il n'existe pas? m'a dit Dédé quand je lui en ai parlé à la récréation.

— Ben c'est pas sûr, mais c'est ce que dit mon papa.

— Ton papa, il raconte n'importe quoi parce que je l'ai vu l'année passée. Il partait après avoir déposé les cadeaux devant la cheminée et je l'ai vu refermer la porte.

— Tu es sûr? lui ai-je demandé.

— Oui, j'en suis sûr, donc il existe le Père Noël.

— Alors s'il existe, c'est qu'il est raciste.

— C'est quoi ça raciste? m'a demandé Dédé.

Je lui ai expliqué que raciste, c'était les gens qui n'aiment pas les musulmans et il a m'a promis de demander à son papa si le Père Noël était raciste.

Après la récréation, nous avons eu une leçon sur le pôle Nord.

— C'est le pays du Père Noël, a dit Monsieur Michiels.

— C'est un raciste, ai-je dit.

Je ne sais pas pourquoi j'ai dit ça, je crois que ça m'a échappé tellement j'étais en colère contre le Père Noël.

— C'est quoi ces histoires, Ismaël ? a dit Monsieur Michiels en me regardant bizarrement. Alors, je lui ai expliqué ce que m'avait dit mon grand frère Zakaria.

— Donne-moi ton journal de classe, je vais écrire un petit mot à tes parents.

J'ai tendu mon journal de classe à Monsieur Michiels.

— Bon, tout le monde lit l'article que je vous ai donné sur le pôle Nord en attendant.

Monsieur Michiels s'est installé devant son bureau et a commencé à écrire dans mon journal de classe. J'avais très peur, car quand Monsieur Michiels prend le journal de classe d'un élève, c'est très mauvais signe. Ça veut dire qu'il va recevoir une grande punition. Quand la cloche a sonné et que tout le monde s'est levé pour sortir,

Monsieur Michiels est venu près de moi et m'a tendu le journal de classe.

— Je n'ai pas écrit directement dans ton journal de classe, mais j'y ai mis une enveloppe. Tu ne l'ouvres surtout pas et tu la donnes à ton papa, d'accord ?

— Oui, Monsieur.

— Aller, va rejoindre tes camarades, m'a-t-il dit.

Je suis sorti de la classe et j'ai trouvé Dédé qui m'attendait.

— Alors, qu'est-ce qu'il a mis dans ton journal de classe ?

— Je ne sais pas, je n'ai pas le droit de le lire.

— Aïe, ça doit être grave.

— Tu crois ?

Dédé m'a fait un signe de la tête qui voulait dire que l'heure était grave. Quand maman est venue me chercher, j'ai rien osé lui dire. À la maison, papa est rentré comme tous les soirs à 19 h 30, juste avant le journal et il m'a demandé d'aller lui chercher sa gandoura. En fait, tous les soirs, quand mon papa rentre du travail, il nous envoie mon frère et moi chacun à notre tour chercher sa gandoura.

Une gandoura, c'est comme un pyjama, mais qui a la forme d'une jupe. Ça nous a toujours fait rire Zakaria et moi de voir mon papa habillé comme une fille, mais ce soir-là, je n'avais pas envie de rire. J'avais très peur. Alors, pour que mon papa ne me gronde pas, j'ai glissé le journal de classe dans sa gandoura, j'ai déposé la gandoura sur le fauteuil pendant que mon papa était aux toilettes et je suis monté dans ma chambre. J'ai attendu super longtemps que mon papa m'appelle pour me parler de la note de Monsieur Michiels, mais il ne m'a pas appelé. Je me suis endormi et le matin, quand je me suis réveillé, mon papa était déjà parti au travail. Maman ne m'a rien dit sur la note et m'a emmené à l'école comme tous les jours. Dans la cour, Dédé est venu me voir dès qu'il m'a vu.

— Alors ?

— Ben rien.

— Quoi rien ?

— Mon papa ne m'a rien dit, lui ai-je répondu.

— Mmm, a dit Dédé en se grattant la tête. Il faisait toujours ça quand il réfléchissait.

— C'est plus grave que je ne pensais.

— Tu crois ?

— C'est tellement grave que ton papa a décidé de ne plus jamais te parler de sa vie.

— C'est pas possible, ai-je dit.

— Si ! J'ai un cousin à qui c'est arrivé. Son père ne lui a plus parlé jusqu'au jour où il l'a emmené à l'internat.

— C'est quoi l'internat ?

— C'est la prison des enfants. Une fois que tu y entres, tu n'en sors plus jamais.

— Comme l'île dans Pinocchio? lui ai-je demandé.

— Oui, sauf que je ne crois pas qu'ils se transforment en ânes parce qu'aujourd'hui les ânes ne servent plus à rien.

— Peut-être qu'ils les transforment en voitures.

Au moment où j'allais répondre à Dédé, la cloche a sonné. Nous allions entrer en rang en classe comme d'habitude lorsque j'ai vu papa dans la classe avec Monsieur Michiels. Dédé avait raison, papa voulait m'abandonner et il venait à l'école pour prévenir Monsieur Michiels que je ne reviendrais plus après les vacances de Noël. Et comme c'était le dernier jour de l'école donc c'est le dernier jour que j'allais passer avec mes copains. Monsieur Michiels a ouvert la porte.

— On fait comme on a dit donc ? a dit Monsieur Michiels à mon papa.

— Oui, bien sûr, a dit mon papa et il est parti sans me regarder.

À la fin de la journée, je suis retourné à la maison. J'étais sûr que j'allais trouver ma valise devant ma chambre, mais je n'ai rien trouvé. Maman faisait comme si elle n'était pas au courant et le soir papa ne m'a rien dit.

— Bon, il est l'heure d'aller dormir, maintenant, a dit papa après le journal.

— Mais c'est les vacances ! a dit Zakaria.

— Ce n'est pas grave, vous devez dormir à l'heure pour garder un bon rythme.

À ce moment-là, c'était sûr, il allait m'abandonner à l'internat et il voulait que je garde le rythme de l'école pour être sûr que l'internat m'accepte et me transforme en voiture. Je suis monté dans ma chambre et je me suis enfoui sous mes couvertures, car j'avais peur. Je n'ai pas osé en parler à Zakaria. J'étais toujours caché sous mes couvertures, en pleine nuit, lorsque j'ai entendu du bruit dans le salon. Je me suis dit que c'était mon papa qui préparait mes valises. Je voulais aller voir ce qui se passait alors je suis descendu dans le salon. Là, mon papa était debout près de la cheminée. Il frottait son pied sur lequel il avait fait tomber une brique de la cheminée. Il disait plein d'insultes en arabe que je ne comprenais pas. À côté de ses pieds, il y avait des boîtes emballées dans du papier cadeau. Papa s'est retourné et il a sursauté quand il m'a vu.

— Qu'est-ce que tu fais debout ?

— Je ne veux pas aller à l'internat papa, je te jure que je ne ferai plus de bêtises. C'est promis, mais par pitié ne m'emmène pas à l'internat !

— C'est quoi cette histoire d'internat ?

— Tu vas m'emmener à l'internat où ils vont me transformer en voiture.

— Je ne comprends rien à ce que tu dis. Ça doit être cette école qui vous donne des idées bizarres. C'est comme ton Monsieur Michiels avec son idée folle de jouer le Père Noël.

Papa a pris un cadeau qui était sur le sol et me l'a tendu.

— Voilà ton cadeau, ce n'est pas le Père Noël qui te l'offre, c'est moi, ton père. Maintenant, monte te coucher.

J'ai regardé le cadeau sans trop comprendre, mais j'étais heureux de ne pas partir à l'internat.

— Merci papa, merci papa, ai-je hurlé en me jetant au cou de mon papa.

— Chuuut, arrête, tu vas réveiller tout le monde.

J'ai lâché mon papa et je suis remonté vers ma chambre. Je me suis enfoui sous les couvertures. J'ai ouvert le cadeau, c'était une voiture téléguidée. Elle était magnifique. Mon papa est entré dans ma chambre et s'est approché de mon lit.

— Elle te plaît ?

— Oui, c'est la plus belle voiture du monde.

— Écoute, pour le Père Noël, il n'est pas raciste, tu sais. En fait, il n'exist...

Je regardais mon papa avec de grands yeux.

— Il est malade.

— Quoi ?

— Oui, il a une maladie. Ça s'appelle "Alzheimer". C'est une maladie qu'on attrape quand on est vieux. On oublie tout ce qui se passe autour de nous. Et en fait, il a oublié notre adresse.

— Je savais qu'il était pas raciste, je le savais. Tu sais, il s'est trompé dans les cadeaux de Dédé aussi. Il faudrait l'emmener voir un médecin.

— Oui, oui, en attendant, dors.

Papa est parti et moi j'ai déposé mon cadeau par terre et je me suis couché. J'étais heureux que le Père Noël soit malade. En fait, c'est triste pour lui d'être malade et je ne veux pas dire que ça me fait plaisir qu'il souffre, mais au moins, s'il est malade, ça veut dire qu'il n'est pas raciste.

Magdalena

— Je ne la trouve pas belle, moi.

C'était Dédé qui me disait ça. Il parlait de la plus belle fille du monde: Magdalena. C'est une nouvelle élève, elle était arrivée ce jour-là pendant la classe. Monsieur Bourdon nous a expliqué que Magdalena avait déménagé et que c'était pour ça qu'elle arrivait en milieu d'année. Dès qu'elle est entrée en classe, j'ai senti quelque chose de spécial se passer dans ma poitrine. Je crois que c'est mon cœur qui battait de toutes ses forces et j'avais mal au ventre. Je croyais que c'était à cause de ce que j'avais mangé à la récré. En fait, j'avais fait un pari avec Dédé que je serais capable de manger une gaufre au chocolat avec de la sauce mayonnaise dessus.

— T'es pas capable de la manger, m'a dit Dédé.

— Si, je vais le faire, lui ai-je répondu, sûr de moi, parce que je savais que j'en étais capable. C'est vrai quoi, à la maison, c'est moi qui termine toutes les assiettes et y a rien qui me dégoûte.

— S'il ne le fait pas, moi je le ferai, a dit Christophe.

Lui, j'en suis sûr, il l'aurait fait parce que c'est le seul garçon au monde qui arrive à me battre.

— Pas besoin, donne-moi ta gaufre, ai-je dit et j'ai pris la gaufre et j'ai commencé à la manger.

Pendant que je mâchais la gaufre, Victoria, qui jouait à la corde derrière nous, s'est approchée de moi.

— Qu'est-ce que tu manges ? m'a-t-elle demandé.

— U'n g'ffre machonèche, lui ai-je dit la bouche pleine.

— Tu manges quoi ?

Comme elle ne comprenait pas, j'ai ouvert la bouche pour lui montrer ce que je mangeais. Elle a regardé puis elle est partie en courant.

— C'est dégoûtant, je vais vomir, a-t-elle dit en courant vers les toilettes.

Je comprends pas pourquoi c'est elle qui doit vomir. C'est vrai quoi, c'est pas elle qui a dû manger une gaufre au chocolat et à la mayonnaise. Victoria n'est plus revenue en classe l'après-midi et Monsieur Michiels nous a dit qu'elle a dû rentrer chez elle, car elle ne se sentait pas bien.

— T'es mon héros, m'a dit Dédé.

— Pourquoi? ai-je demandé.

— Parce que grâce à toi, la peste de Victoria est retournée à la maison et Cindy est toute seule pour rentrer.

— Oui, mais c'est son papa qui vient la chercher.

— Eh bien, entre la classe et la porte de l'école, je vais l'accompagner et je vais lui faire mes magnifiques yeux de biche et elle ne pourra pas résister.

Dédé a commencé à fermer et ouvrir les yeux pour me montrer ses yeux de biche. Je ne trouve pas qu'il a des yeux de biche. On dirait plutôt les yeux du poisson que maman a ramené l'autre jour à la maison, je crois que ça s'appelle un merlan. Et c'est au moment où Dédé a commencé à fermer et ouvrir les yeux que Magdalena est entrée en classe.

— Bonjour, comment t'appelles-tu? a demandé Monsieur Michiels.

— Magdalena, a-t-elle répondu.

— Macarona, a chuchoté Dédé, c'est quoi ce nom bizarre. Et pourquoi pas spaghetta?

— Chut, lui ai-je dit, c'est Magdalena.

C'est bizarre, mais moi j'avais immédiatement retenu son nom. Je me suis retourné pour la regarder encore une fois. Qu'est-ce qu'elle était belle !

— Eh bien Magdalena, tu vas t'asseoir à côté de Cindy et tu vas essayer de suivre la classe aujourd'hui, lui a dit Monsieur Michiels.

— Oui Monsieur.

Et elle s'est assise à côté de Cindy.

— Non, a dit Dédé, c'est pas juste. Maintenant Cindy va avoir une copine pour marcher jusqu'à la porte de l'école. Elle m'énerve déjà cette Maraspouta.

— Magdalena, ai-je dit.

— C'est ce que j'ai dit, a répondu Dédé.

Et il s'est mis à écrire sur son banc. Il fait toujours ça quand il est énervé. Moi j'ai essayé de me retourner plusieurs fois pour la regarder, mais c'est difficile quand on est assis au premier rang. Quand la cloche a sonné, j'ai rangé très vite mon cartable, car je voulais marcher à côté de Magdalena pour mieux la regarder.

— J'ai une idée, a dit Dédé. Tu vas te mettre à quatre pattes derrière Matelapousta et je vais la pousser comme ça, elle va tomber, et Cindy devra marcher seule jusqu'à la porte et je pourrai l'accompagner.

— Mais, elle risque de se faire mal et de se blesser, ai-je dit.

— Mmm, j'avais pas pensé à ça, a répondu Dédé.

Alors, j'ai pris mon cartable et j'ai essayé de suivre Magdalena, mais les autres copains étaient déjà autour d'elle.

— Mince, ai-je dit, ils veulent tous qu'elle soit leur amie. Comment est-ce que je peux m'approcher pour lui parler ?

— Pourquoi tu veux absolument lui parler à cette Maratumba ?

— Magdalena !

— C'est ce que j'ai dit, a dit Dédé.

— Dis, Dédé... ai-je commencé.

— Quoi ?

— Comment est-ce que je peux savoir si je suis amoureux de Magdalena ?

— Ben moi j'ai su que j'étais amoureux de Cindy quand mon cœur a commencé à battre à toute vitesse.

— Moi aussi mon cœur s'est mis à battre.

— Et t'as eu mal au ventre ?

— Oui !

— T'as été aux toilettes ?

— Heu, non, ai-je dit. Il faut absolument aller aux toilettes pour être amoureux ?

— Ben, la première fois que je l'ai vue, j'ai dû aller aux toilettes. Mais je ne sais pas si c'est à cause de Cindy ou des tartines aux sardines que j'avais mangées. Maintenant que j'y pense, c'est vrai que quand je mange des tartines aux sardines, je vais toujours aux toilettes.

— Alors ça veut dire que même si je vais pas aux toilettes, je suis peut-être amoureux de Magdalena ?

— Ben, je crois.

— Tu peux m'aider à lui parler ?

— D'accord, comme ça toi tu prends Marachitta avec toi et moi je marcherai avec Cindy.

J'ai accepté même si Dédé ne savait toujours pas dire le nom de Magdalena correctement. On a marché au milieu des copains.

— Laissez passer, laissez passer, disait Dédé. Et il poussait les copains pour qu'ils le laissent passer.

— Hé, arrête de pousser et fais la file. Tout le monde veut parler avec Magdalena, a dit Christophe en râlant.

— C'est pas avec elle que je veux parler, a répondu Dédé.

— Ah, d'accord, alors, passe, lui a dit Christophe.

Et grâce à Dédé, on est arrivés à côté de Magdalena.

— Salut, Macratouta a dit Dédé. Magdalena l'a regardé et s'est mise à rire.

— Je m'appelle Magdalena.

— C'est ce que j'ai dit, a dit Dédé. Moi je m'appelle Samuel, mais tu peux m'appeler Dédé.

— Salut Dédé.

Magdalena m'a regardé et m'a souri.

— Et toi tu t'appelles comment ?

Je voulais répondre, mais les mots n'arrivaient pas à sortir de ma bouche. J'étais gêné et je regardais autour de moi pour ne pas regarder les yeux de Magdalena parce que quand je regardais ses yeux, j'avais encore plus mal au ventre.

— Ben dis-lui ton nom ! m'a dit Dédé.

Je regardais par la fenêtre pour éviter le regard de Magdalena. Y'avait des copains qui jouaient au ballon dans la cour.

— Dis ton nom, me chuchotait Dédé en me pinçant.

— Ballon ! ai-je dit.

Magdalena s'est mise à rire.

— Bonjour Ballon, moi c'est Magdalena.

Et puis elle est sortie de la classe. Les copains la suivaient dans les escaliers. Moi, je suis resté debout à côté de Dédé.

— Tu t'appelles Ballon depuis quand ? m'a-t-il dit, étonné.

— Je ne sais pas pourquoi j'ai dit ça. J'arrivais pas à parler, lui ai-je répondu.

Dédé m'a regardé bizarrement puis il s'est mis à rigoler.

— Allez, viens, Ballon, on va aller jouer avec ta tête, m'a-t-il dit.

— Arrête de rigoler, c'est pas gentil.

— D'accord, mais à cause de toi, Ballon, j'ai pas réussi à suivre Cindy jusqu'à la porte, m'a-t-il dit.

J'ai suivi Dédé jusque devant la porte de l'école et ma maman m'attendait là.

— Bonjour, Ismaël, m'a dit ma maman. Dédé s'est approché de ma maman.

— Bonjour Madame, a dit Dédé.

— Comment ça va, Dédé ?

— Très bien Madame.

Ma maman m'a tendu la main pour prendre la mienne, mais je ne voulais pas lui donner la main devant Magdalena.

— Qu'est-ce qui se passe ? m'a demandé maman.

— Rien, lui ai-je dit, puis j'ai avancé devant elle.

— Allez au revoir, Ballon, et à demain, a dit Dédé en rigolant.

— Ça veut dire quoi, Ballon ? m'a dit ma maman.

— Ben c'est le ballon avec lequel on joue, ai-je dit.

— Et pourquoi il t'appelle comme ça ?

— J'en sais rien, ai-je dit.

C'était pas vrai, mais je voulais pas dire la vérité à maman. Je voulais pas qu'elle sache que j'étais amoureux de Magdalena et que je n'avais pas réussi à dire mon nom.

— Avant de rentrer à la maison, on va passer chez l'épicier, m'a dit maman.

On a marché jusque devant l'épicerie.

— Reste ici, j'arrive, a dit maman.

Ça tombait bien, j'avais pas envie d'entrer avec maman. En fait, j'avais envie de rien du tout parce que je n'arrêtais pas de penser à Magdalena. Elle a dû penser que j'étais un idiot, surtout avec un prénom pareil. Elle voudra jamais me parler parce que personne n'a envie de parler avec un garçon qui sait pas dire son nom. Quelqu'un a ouvert la porte de l'épicerie et je croyais que c'était maman. Alors je me suis approché pour prendre son sac de courses, car elle a souvent des grands sacs de courses et ma maman, elle a mal au dos alors je l'aide à porter les courses comme ça elle ne se casse pas le dos. Mais c'était pas maman qui sortait de l'épicerie, c'est Magdalena. Elle est venue faire les courses avec son papa.

— Ah, rebonjour, Ismaël, m'a-t-elle dit.

— Tu sais comment je m'appelle ?! lui ai-je dit. J'étais fier de moi, car j'avais réussi à lui parler.

— Bien sûr, personne ne s'appelle « Ballon ». En plus, je trouve que tu as un très joli prénom.

Elle m'a souri et a suivi son papa qui sortait de l'épicerie. Waouw, elle m'a dit que j'avais un très joli prénom ! C'est vrai que mon prénom est joli et je suis heureux que mes parents m'aient donné ce prénom, car grâce à lui, j'allais pouvoir parler à Magdalena et elle allait devenir mon amie.

Quand maman est sortie de l'épicerie, j'ai pris son sac pour l'aider.

— Laisse, c'est trop lourd pour toi, Ismaël, je vais le porter, m'a-t-elle dit.

— Non, je veux t'aider. C'est pour te remercier de m'avoir appelé Ismaël. C'est le plus beau prénom du monde, lui ai-je dit.

Maman m'a regardé bizarrement et elle a posé sa main sur mon front.

— Mmm, tu fais un peu de fièvre, je vais te donner des médicaments quand on arrivera à la maison.

J'avais pas de fièvre, j'étais amoureux, mais ça je ne pouvais pas le dire à maman. C'était le plus beau jour de ma vie, car c'était le jour où Magdalena est devenue mon amie.

Le mouton

•

Cette nuit, j'ai été réveillé par des bruits bizarres. Mon frère Zakaria était déjà réveillé et il regardait par la fenêtre.

— Qu'est-ce qui se passe ? Zakaria, ai-je demandé.

— Je crois qu'il y a des voleurs qui essaient de rentrer chez nous, m'a-t-il dit.

Je me suis levé de mon lit et je me suis approché de la fenêtre. Une grosse voiture se trouvait devant notre porte et des hommes en noir sortaient de la voiture.

— Il faut prévenir papa ! ai-je dit.

— J'y vais, a dit Zakaria.

— Et moi ? ai-je dit, car j'avais peur de rester tout seul.

— Viens avec moi !

J'étais content de partir avec Zakaria parce que mon grand frère, il n'a peur de rien. Une fois, en pleine nuit, il est descendu tout seul dans la cave pour chercher ma voiture de pompier que j'avais oubliée. Et à l'école, si jamais quelqu'un veut se battre avec moi, c'est toujours lui qui vient me défendre. Alors si jamais les voleurs veulent entrer chez nous, Zakaria va les tabasser, c'est sûr. On est entrés dans la chambre de papa et maman, mais ils n'étaient pas là.

— Où est-ce qu'ils sont partis ? ai-je demandé.

— Mmm, c'est pas bon signe ça, a dit Zakaria avec un air sérieux. Je crois que les voleurs les ont pris.

J'avais très peur. C'est vrai quoi, si les voleurs ont pris nos parents, qui est-ce qui va s'occuper de nous, nous faire à manger et nous emmener à l'école ?

— T'en fais pas, Ismaël, je vais m'occuper de toi, a dit Zakaria. On va faire comme dans "deux ans de vacances".

Deux ans de vacances, c'est un livre que Madame nous a lu un jour. Ce sontdes enfants qui se retrouvent tout seuls sur une île et qui doivent se débrouiller seuls. Y avait même un chien avec eux.

— Mais il faut qu'on appelle la police, ai-je dit.

— Oui, viens, on va prendre le téléphone !

On est descendus tout doucement pour ne pas faire de bruit et une fois que nous sommes arrivés dans le salon, Zakaria s'est jeté sur le téléphone.

— Viens, on remonte !

On est vite remontés pour se cacher dans notre chambre. Zakaria a poussé le bureau contre la porte et on s'est cachés dans son lit sous les couvertures.

— C'est quoi le numéro de la police ? a demandé Zakaria.

— Je ne sais pas... ai-je dit.

Au même moment, quelqu'un a frappé à la porte de la chambre.

— C'est quoi ce bruit? a dit une voix derrière la porte. On n'arrivait pas à reconnaître la voix, car on était recouverts par la couverture.

— Allez-vous-en ! a dit Zakaria, on a appelé la police et ils arrivent.

— La police ? C'est quoi cette histoire ?! Ouvre la porte Zakaria !

— Ils connaissent ton nom ! ai je dit.

— C'est normal, a dit Zakaria, c'est des voleurs qui ont des ordinateurs super puissants et ils savent reconnaître la voix des gens. J'ai vu ça à la télévision.

— Ouvre la porte, Zakaria, où tu vas recevoir la punition de ta vie ! a dit la voix derrière la porte. Cette voix ressemblait d'ailleurs de plus en plus à la voix de mon papa.

— T'as entendu ? a dit Zakaria. Ils prennent la voix de papa pour qu'on ouvre la porte et qu'ils nous kidnappent aussi !

Le voleur a commencé à pousser la porte tellement fort qu'il a réussi à l'ouvrir. On a commencé à crier, Zakaria et moi, pour que le voleur s'enfuie.

— Taisez-vous, bande de sales garnements, vous allez réveiller tout le quartier, a dit le voleur. Et il a pris la couverture et l'a jetée par terre. J'avais les yeux fermés, car je ne voulais pas voir le voleur, j'avais trop peur.

— Papa ? a chuchoté Zakaria.

— Quoi, ils prennent même la forme de papa ?! ai-je dit les yeux fermés. Au secours ! ai-je crié.

— Non, c'est vraiment papa, a dit Zakaria.

Là, j'ai ouvert les yeux. Papa était debout devant moi. Il avait pas l'air content.

— C'est quoi ce raffut ? a demandé papa.

— On croyait que vous aviez été kidnappés par des voleurs ! a dit Zakaria.

— Des voleurs ? Quels voleurs ?

— Ceux-là, ai-je dit en montrant la fenêtre à papa.

Papa a regardé par la fenêtre puis s'est retourné vers nous.

— Ce ne sont pas des voleurs, ce sont des amis qui nous ont aidés à faire entrer le mouton.

J'ai regardé Zakaria parce que je ne comprenais pas du tout de quoi papa était en train de parler.

— Écoutez les enfants, avant, nous n'avions pas de place pour apporter le mouton de la fête, mais maintenant, comme nous avons un jardin et un garage, le mouton va passer la nuit ici. Maintenant, dormez, et demain après l'école, je vous montrerai notre mouton, a dit papa en sortant de notre chambre.

Je suis retourné dans mon lit et je me suis rendormi très vite parce que j'étais fatigué. Le lendemain, à l'école, j'ai raconté à Dédé ce qui s'était passé.

— Ton papa a des amis moutons ? a dit Dédé.

— Ben c'est ce qu'il nous a dit et il en a ramené un pour qu'il dorme chez nous, car il doit partir à une fête, lui ai-je répondu.

— J'aimerais bien que mon papa ait aussi des amis moutons, on pourrait les amener à la maison. Ça doit être chouette de jouer avec des moutons.

— Tu veux venir le voir ? ai-je demandé.

— Ce serait trop cool ! a répondu Dédé.

— Eh bien après l'école, on va demander à ton papa si tu peux venir jouer avec moi à la maison et tu viendras voir le copain mouton de mon papa !

— Ouais ! Et je pourrai peut-être demander au copain mouton de ton papa s'il n'a pas des copains moutons qui voudraient devenir les copains de mon papa, a dit Dédé.

Après l'école, j'ai demandé à maman si Dédé pouvait venir avec nous et elle a accepté. Dédé nous a accompagnés à la maison. On a pris notre goûter très rapidement. Maman nous a fait des crêpes. Elles sont super bonnes les crêpes de maman. Dédé en a mangé trois et moi j'en ai mangé quatre parce que c'est toujours moi qui mange le plus. Mon papa, il dit que je dois avoir un verre tout seul dans mon ventre, je comprends jamais ce que ça veut dire, mais c'est pas grave. Alors, après le goûter, on est descendus dans le garage. Ça sentait pas bon du tout. On a ouvert la porte du garage et on a trouvé un mouton couché sur de la paille.

— Alors c'est lui le copain de ton papa ?

— Je crois.

— Salut copain du papa d'Ismaël, tu t'appelles comment ?

— T'es fou Dédé, il ne va pas te répondre. C'est un mouton, ça parle pas un mouton.

— Si ça parle pas, comment est-ce que ton papa est devenu son ami ?

Il avait raison Dédé, c'était très bizarre cette histoire. Surtout que le mouton, il n'avait pas l'air très content.

— Il a l'air malade, ai-je dit.

— Viens, on va s'approcher pour voir.

Dédé s'est approché du mouton et je l'ai suivi.

Il a une plaque avec un numéro sur son oreille, m'a dit Dédé.

Pendant que Dédé s'approchait du mouton pour voir la plaque de plus près, Zakaria rentrait de l'école. Il vient toujours après nous, car il est plus grand et sa classe dure plus longtemps. Il a ouvert la porte de la maison et le mouton en a profité pour pousser Dédé et courir vers la porte.

— Le mouton s'est enfui ! a crié Zakaria.

Dédé a couru après le mouton et moi aussi.

— Il faut qu'on le rattrape ! a crié Zakaria.

Alors, Zakaria, Dédé et moi, on a commencé à courir derrière le mouton dans la rue. Les gens nous regardaient bizarrement parce qu'ils n'avaient pas l'habitude de voir des moutons dans la rue. C'est peut-être parce que leurs parents n'étaient pas aussi gentils que papa et qu'ils n'avaient pas d'amis moutons. Mon papa, il est gentil avec tout le monde et il se fait des tas d'amis. C'est parce qu'il travaille dans un taxi et qu'il rencontre beaucoup de monde dans son taxi. C'est peut-être là qu'il a rencontré le mouton. D'ailleurs, je ne comprends pas pourquoi le mouton s'est enfui comme ça, surtout si c'est un ami de mon papa. Il fallait qu'on le rattrape. Il continuait à courir et il allait presque arriver devant l'épicier quand la voiture de mon papa s'est arrêtée juste devant lui. Mon papa est sorti de la voiture et a couru derrière le mouton. Il a réussi à l'attraper. Des voisins sont venus l'aider et ils l'ont porté jusqu'à la maison.

— Qui a laissé partir le mouton ? a crié mon papa dans les escaliers.

Dédé, Zakaria et moi on était debout devant lui, mais on n'osait pas répondre.

— On voulait voir votre copain, Monsieur, a dit Dédé.

— Quel copain ?

— Ben, le mouton. Ismaël a dit que c'était votre copain et comme j'avais jamais vu un mouton copain de quelqu'un, on est descendus le voir.

— Ce n'est pas mon copain le mouton, a dit mon papa.

— Mais, si c'est pas ton copain, pourquoi est-ce qu'il est là ? ai-je dit.

— Parce qu'on va le...

— Mohamed ! a crié maman depuis en haut.

Mon papa a levé la tête et maman lui a dit qu'il ne fallait pas dire ce genre de choses à des enfants. Zakaria, Dédé et moi, on a rien compris du tout alors mon papa nous a expliqué que le mouton, c'était pas son copain, mais c'était le copain de maman et que comme il savait qu'il y avait une fête chez nous, il est venu pour aider maman à la cuisine.

— Un mouton, ça peut pas aider à la cuisine, a dit Zakaria.

— Toi tu es assez grand, alors monte chez ta mère elle va t'expliquer.

Zakaria est monté rapidement chez maman et nous, on est restés avec papa pendant qu'il nettoyait les escaliers.

— Vous avez compris ? a dit mon papa.

On n'avait rien compris du tout, mais comme on voulait jouer, Dédé et moi, on a dit que oui et on est montés dans ma chambre.

— C'est vraiment trop cool, chez toi, a dit Dédé.

— Tu trouves ? ai-je dit. J'étais fier que Dédé trouve que ma famille est cool.

— Ouais, on a bien rigolé et qu'est-ce qu'il courait vite le mouton.

— On devrait le ramener à l'école pour faire la course avec les copains.

— Ouais, c'est une bonne idée, a dit Dédé. Je l'aime bien le copain mouton de ta maman, il est super drôle. D'ailleurs, je vais demander à mon papa si on peut ramener un mouton chez nous pour nous aider à Noël. Parce que mon papa, il ramène tous les ans une dinde, mais elle, elle est pas drôle du tout !

Les vacances

•

Aujourd'hui, c'est le dernier jour de l'école, mais surtout, c'est le premier jour des vacances. J'adore les vacances, parce qu'on part toujours avec mon papa, ma maman et mes deux frères au Maroc.

— J'aimerais bien venir avec toi, m'a dit Dédé quand on s'est séparés à la sortie de l'école.

— Demande à ton papa, s'il est d'accord et moi je vais demander à ma maman.

— Il sera sûrement d'accord, mon papa. Parce que nous, on ne part pas en vacances.

— Jamais ?

— Non, jamais. Le pays de mon papa, c'est trop loin.

— Il vient d'un autre pays, ton papa ? ai-je demandé à Dédé, car j'étais étonné que son papa vienne d'un autre pays.

— Oui, il vient du Congo.

— C'est quoi ça, le Bongo ?

— Le Congo ! C'est le pays de mon papa, il m'a dit que c'était super beau et qu'un jour on allait retourner là-bas pour y vivre.

— Eh bien, je vais demander à ma maman pour que tu viennes avec nous au Maroc, ai-je dit.

Maman était devant la porte de l'école. Je me suis approché d'elle et je lui ai demandé si Dédé pouvait venir avec nous.

— Pas cette année, Ismaël, car le papa de Dédé ne voudra pas le laisser partir seul, mais dans quelques années, il pourra venir avec nous.

— Oui, mais dans quelques années, il sera retourné au Congo.

Maman m'a souri et elle m'a fait un bisou.

— Ne t'en fais pas, vous aurez le temps de partir ensemble avant qu'il ne retourne au Congo.

— C'est vrai, Madame ? a dit Dédé.

— Oui, Dédé, et quand tu viendras au Maroc, tu seras le bienvenu chez nous.

— Super ! Merci Madame !

— Au revoir Dédé et bonnes vacances, a dit maman.

J'ai dit au revoir à Dédé. J'étais un peu triste même si c'était les vacances, car je n'allais plus voir mon meilleur ami pendant très longtemps, mais maman m'a dit que le temps passerait très vite et que je n'allais même pas m'en rendre compte. J'espère que ça va aller très vite, car il me manquait déjà, Dédé. Quand on est arrivés devant la maison, Zakaria et papa étaient en train de déposer des bagages sur le toit de la voiture. Papa avait l'air fatigué et Zakaria était sur le toit en train de pousser une grosse valise de toutes ses forces pour qu'elle glisse.

— Pas comme ça, tu vas la faire tomber ! a dit papa.

— Mais elle est lourde... a répondu Zakaria.

— Alors, laisse-moi faire et descends de là.

Zakaria est descendu du toit et s'est approchés de moi.

— Papa m'a dit que je pourrai m'asseoir à côté de lui sur la route, m'a-t-il dit.

— Et moi ?

— Non, pas toi, t'es trop petit.

— C'est pas juste, ai-je dit.

Je me suis approché de mon papa, mais il était trop occupé à pousser la valise.

— Papa !

— Laisse-moi tranquille, ce n'est pas le moment.

— Je peux aller devant moi aussi ? ai-je demandé.

— Arrête, a dit Zakaria, tu vas le fâcher et personne ne pourra aller devant.

— C'est pas juste, y'a pas que toi qui peux aller devant !

— Laissez-moi tranquille, vous deux. Personne n'ira devant. Maintenant, montez à la maison et laissez-moi travailler.

— Tu vois, t'es qu'un idiot, m'a dit Zakaria en me poussant.

Je l'avais pas fait exprès d'énerver papa, mais moi aussi je voulais aller devant. À la maison, maman nous a préparé à dîner et nous a dit qu'on devait dormir tôt même si c'était les vacances, car demain matin, on allait prendre la route très tôt. Et le matin, c'est vrai qu'on s'est réveillés très tôt. J'avais encore sommeil, mais papa a dit qu'on pourrait dormir dans la voiture. Il était heureux papa, il est toujours heureux quand on part au Maroc.

C'est parce qu'au Maroc, il fait toujours beau et on peut aller tous les jours à la plage. Mais c'est aussi parce qu'il peut enfin voir son papa. Mon papa, il a pas la même chance que nous d'avoir un papa qui vit près de lui. Son papa vit au Maroc et il ne le voit que pendant les vacances. Alors c'est pour ça qu'il est heureux. Nous aussi on est contents de revoir le papa et la maman de mon papa, mais on ne les connaît pas bien et en plus on a déjà une grand-mère ici qu'on voit tous les dimanches. Moi, ma grand-mère, c'est Madame. Elle est venue nous dire au revoir, dimanche. Elle a beaucoup pleuré, elle pleure toujours quand on part en vacances. Maman elle dit que c'est parce qu'on est sa seule famille parce que Madame, elle n'a pas d'enfants.

— Tu vas être bien sage, Maël ! m'a dit Madame en me serrant dans ses bas et en me faisant des bisous. Cette fois, même si elle me chatouillait avec sa moustache, j'avais pas envie de rigoler, j'étais triste parce que j'aime pas voir Madame pleurer.

— Oui, Madame.

— Et tu vas m'envoyer une carte postale ?

— Oui, Madame.

— Très bien, je vais l'attendre tous les jours et je penserai à toi tous les jours.

— Moi aussi je penserai à vous, Madame.

— Alors chaque fois que tu penseras à moi, je le saurai.

— C'est vrai ? Comment ?

— Eh bien quand deux personnes qui s'aiment très fort pensent l'une à l'autre et qu'elles regardent le ciel au même moment, elles verront un nuage qui a la forme de l'autre personne. Et comme ça, elles savent qu'elles pensent l'une à l'autre, a dit Madame en essuyant ses lunettes.

Après, papa a raccompagné Madame, car elle était fatiguée.

Je pensais à Madame pendant la route. D'ailleurs la route, c'est la seule chose que j'aime pas pendant les vacances, parce que ça dure super longtemps. Alors pour passer le temps, mon papa il met de la musique dans la radio de la voiture, mais on ne comprend rien à cette musique. Y'a un monsieur qui pleure en arabe pendant très longtemps et mon papa, il pleure avec lui alors parfois, moi aussi je pleure avec lui, mais c'est parce que je pense à Madame et à Dédé. Ma maman, elle n'écoute pas la radio parce qu'elle dort. Elle dort pendant toute la route et chaque fois que mon papa la réveille, elle dit qu'elle ne dormait pas et qu'elle sait exactement où nous sommes.

Mais quand on arrive devant le bateau, là, ça change tout. J'adore quand on doit rentrer avec la voiture dans le bateau. J'imagine que c'est une baleine et que je suis Pinocchio et que Zakaria c'est Jiminy Cricket, même si Zakaria n'aime pas qu'on le traite de criquet, et alors, j'imagine qu'on est dans le ventre de la baleine et qu'on doit se sauver. Après, quand mon père a stationné la voiture, on doit monter sur le pont. Maman elle ne nous accompagne pas sur le pont parce qu'elle préfère dormir à l'intérieur du bateau. Elle dit que le bateau, ça lui donne le mal de mer. Mais Zakaria et moi, on adore être sur le pont. On cherche les dauphins parce que papa dit qu'il y en a plein, mais on n'en a jamais vus. Une fois, j'ai vu quelque chose qui ressemblait à un dauphin qui sautait, mais Zakaria m'a dit que c'était une bouée. C'est bizarre, j'étais sûr que c'était un dauphin et une bouée, ça ressemble pas à un dauphin, mais si Zakaria le dit, c'est que c'est vrai. Parce que Zakaria, il s'y connaît vachement bien en animaux de la mer. C'est parce qu'il regarde beaucoup de films sur les requins.

Quand on arrive au Maroc, on doit passer par une grande file, très, très longue qui s'appelle la douane. C'est là que mon père commence à crier avec les policiers et leur dit qu'il rentre dans son pays et qu'il a le droit de ramener ce qu'il veut et que s'ils sont pas contents. Eh bien il ne reviendra plus. Nous, quand mon père crie comme ça avec les policiers, on a très peur alors on ne dit plus rien. La dispute dure super longtemps et après que tous les gens dans la file commencent à crier eux aussi, on peut quitter le port. La maison du papa de mon papa n'est pas loin du port et on y arrive très vite. Mon papa, il dit qu'on a de la chance parce qu'il y a des autres gens qui doivent rouler encore plusieurs jours avant d'arriver chez eux.

Chez le papa de mon papa, il y a beaucoup de tantes et d'oncles parce que mon papa il a beaucoup de frères et de sœurs. Ils sont tous très contents de nous revoir et ils nous embrassent beaucoup.

— Beurk, ça m'énerve quand ils m'embrassent comme ça, me disait Zakaria.

— On ne parle pas en français ! Ici on parle en arabe, nous a dit mon papa en s'énervant.

Nous on voudrait bien parler l'arabe, mais on ne sait pas comment alors mon papa il a dit à son papa que l'année prochaine, il allait nous inscrire à des cours d'arabe parce que ça ne pouvait pas continuer comme ça et son papa a dit que c'était vrai, car si on n'apprenait pas l'arabe, on allait devenir des méchants.

J'ai rien compris du tout et Zakaria non plus, mais je commençais à avoir peur parce qu'il y avait beaucoup de monde qui parlait et qui criait. Alors, je suis allé m'asseoir près de la fenêtre, où on voyait le ciel. Il était bleu, très bleu. J'ai regardé le ciel et j'ai pensé très fort à Madame. Très, très fort et j'ai fermé les yeux. Quand je les ai rouverts, il y avait un nuage qui avait la forme du visage de Madame. J'étais très content, car je savais que Madame pensait à moi alors j'avais moins peur. Je voulais m'éloigner de la fenêtre, car mon papa m'avait appelé pour que je dise bonjour à sa maman, mais au moment où je partais, un autre nuage suivait celui de Madame. Quand j'ai vu ce nuage, j'ai commencé à rire et j'étais heureux, car je savais que les vacances n'allaient pas durer trop longtemps et que je pourrais bientôt revoir tous mes amis, car ce nuage, ce beau nuage, il avait la forme du visage de Dédé. Dédé, avec son grand et beau sourire.